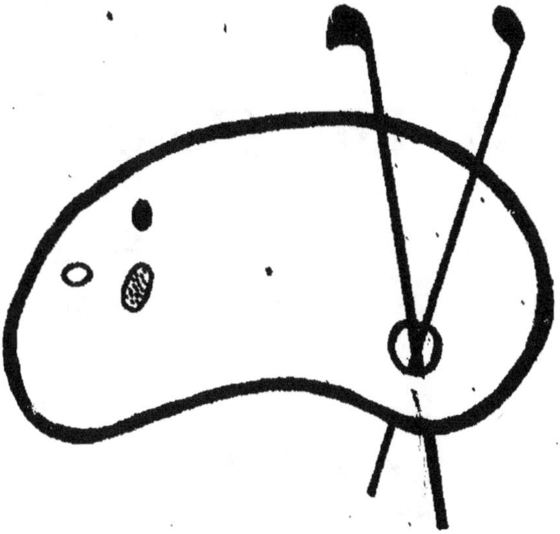

DEBUT D'UNE SERIE DE DOCUMENTS
EN COULEUR

L'ÉGLISE CATHOLIQUE EN INDO-CHINE

PAR

J.-B. PIOLET et Ch. VADOT

PARIS

LIBRAIRIE BLOUD & Cie

4, RUE MADAME ET RUE DE RENNES, 5O

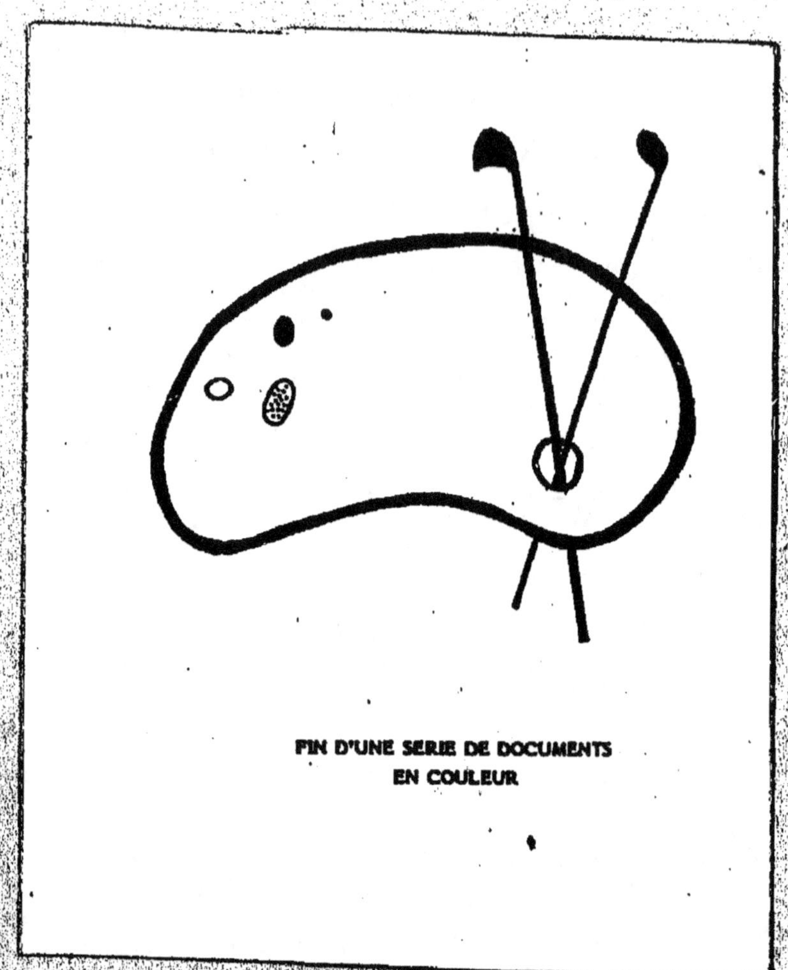
FIN D'UNE SERIE DE DOCUMENTS
EN COULEUR

SCIENCE ET RELIGION
Études pour le temps présent

L'ÉGLISE CATHOLIQUE EN INDO-CHINE

PAR

J.-B. PIOLET et Ch. VADOT

PARIS

LIBRAIRIE BLOUD & Cie

4, RUE MADAME ET RUE DE RENNES, 59

DU MÊME AUTEUR

(dans la même collection)

CHAPITRE PRELIMINAIRE

L'INDO-CHINE : LE PAYS, LES HABITANTS

L'Indo-Chine est une longue péninsule, située à l'extrémité méridionale de l'Asie, et qui s'effile entre le golfe du Bengale et la mer de Chine, depuis le 28° degré de latitude Nord jusqu'au voisinage de l'équateur. Elle s'étend du 90° au 107° degré de longitude Est, occupe une surface d'environ 2.200.000 kilomètres carrés et sa population est comprise entre 40 et 50 millions d'habitants.

Des hauts plateaux du Thibet oriental et de la province chinoise de Yunnan se détachent de nombreux contreforts, parallèles les uns aux autres et parallèles aux méridiens. Très élevés à leur naissance, puisque leurs sommets atteignent et dépassent 2.000 et 3.000 mètres, ils s'abaissent dans la zone maritime, et se prolongent dans l'océan en longues chaînes d'îles ou de rochers arides.

Entre ces lignes de montagnes coulent de grands

fleuves dont les principaux sont l'Iraouaddy, la Salouen, le Ménam et le Mékong, qui tous déversent leurs eaux dans la mer par des bouches multiples.

Cette configuration du sol, que l'on a pu comparer à un éventail ouvert, explique toute l'histoire du pays. Les remparts de montagnes qui séparent et encaissent les cours d'eau dans d'étroites vallées, ont rendu impraticables les communications de tribus à tribus. De plus, ces montagnes et ces fleuves, au lieu de suivre la direction des latitudes et de permettre la libre circulation des peuples sous un même ciel et un même climat, se dirigent tous du Nord au Sud, sans jamais fournir aux habitants d'une même vallée une cause naturelle de s'unir entre eux, comme serait l'égalité de la température ou une communauté de produits du sol. Aussi voyons-nous que dans une région où la nature a semé tant d'obstacles, aucune grande nation n'a jamais pù se former, aucune unité politique se constituer.

Dans les siècles précédents, la presqu'île indo-chinoise était divisée en plusieurs royaumes, tour à tour indépendants ou soumis les uns aux autres. A l'Ouest vivaient les Talaing, descendants des anciens Pégouans, les Karians que l'on rencontrait sur la côte de Tenasserim, dans les montagnes entre la Salouen et le Sittang. Les Birmans, race conquérante, intelligents et fiers, se rendirent peu à peu dominateurs de tous ces peuples des régions occidentales. Enfin, au xix° siècle, les Anglais ont imposé leur autorité aux Birmans eux-mêmes et rattaché à leur immense empire colonial des Indes les riches provinces de la Birmanie entière. Au Nord, près des frontières du Thibet, se trouvent les Khakhiens, reconnaissant, eux aussi, le joug de l'Angleterre, les Shans, aujourd'hui dispersés, et pour la plupart tributaires de la Birmanie, de l'Annam et de la Chine. Au centre, les Siamois ont conservé leur liberté, et les Laotiens l'ont perdue, devenus sujets, les uns du Siam, les autres de la France. Au Sud, les différentes peuplades de race malaise sont aujourd'hui placées sous la protection anglaise. La France a étendu ses conquêtes sur toutes les régions orientales. « Les limites de l'Indo-Chine française « actuelle diffèrent peu de celles de l'empire d'Annam, « au temps de sa grandeur. L'empire comprenait « l'Annam central, le Tonkin, la Cochinchine. Le roi « de Cambodge en était tributaire. Seul, le Laos « semble n'avoir jamais été complètement conquis. « On n'a sur les origines des Annamites que des no-« tions assez vagues. Ils paraissent être venus des « pays malais, il y a plusieurs siècles, et avoir suc-« cessivement détruit ou dominé tous les peuples « maîtres de l'Indo-Chine avant eux. Attaqués à leur « tour, à diverses époques, par les Chinois, asservis « par eux pendant un temps, ils se sont toujours « vaillamment défendus et ont sauvegardé ou recou-« vré leur indépendance. L'invasion chinoise, qui

« s'est étendue progressivement sur toute l'Asie
« orientale, a dû reculer devant la résistance des
« Annamites. Ceux-ci sont incontestablement supé-
« rieurs à tous les peuples voisins. Les Cambodgiens,
« les Laotiens, les Siamois ne sauraient leur ré-
« sister. Aucune des nations qui composent l'empire
« des Indes n'a leurs vertus, et il faut aller jusqu'au
« Japon pour trouver une race qui vaille la leur et
« lui ressemble. Annamites et Japonais ont certai-
« nement une parenté ancienne. Les uns et les autres
« sont intelligents, laborieux et braves. L'Annamite
« est supérieur, comme ouvrier, aussi bien que
« comme soldat, à tous les peuples d'Asie auxquels
« on peut le comparer (1). »

On le voit, à l'heure actuelle, l'Indo-Chine est
partagée politiquement entre les Anglais, à l'Ouest,
et au Sud, dans toute la presqu'île de Malacca ; le
royaume de Siam, au Centre, entre les Anglais et les
Français, comme un Etat-tampon ; l'Indo-Chine
française à l'Est.

Le Birman est paresseux, indolent par caractère,
et négligent comme tous les Orientaux. Naturellement doux, il aime à se laisser vivre. Se reposer,
fumer, mâcher le bétel, assister à des représenta-
tions théâtrales ou à des danses, telles sont pour lui
les grandes affaires de la vie. Gai, spirituel, ami de

______

(1) Paul DOUMER. *L'Indo-Chine française*, Paris, Vuibert
et Nony.

la toilette, il porte des vêtements de soie, aux couleurs éclatantes. Ajoutons qu'il est aussi d'une duplicité rare et par trop enclin au vol. Les missionnaires ne lui font pas aisément comprendre qu'il y a péché à prendre le bien d'autrui même quand on n'a pas été vu.

Placé entre les territoires anglais et les possessions françaises, le Siam est partagé entre les deux influences rivales. Chacun des deux peuples européens en présence s'efforce d'établir des consulats dans les principaux centres commerciaux du royaume et d'y vendre les produits de son industrie. Toutefois, la nation la plus active au Siam n'est pas une nation européenne : ce sont les Chinois qui, formant à peu près le tiers de la population du royaume, en sont les véritables possesseurs. L'indigène est lent, peu actif, heureux de sa très modeste aisance. « Pour deux ou trois sous de riz et un sou de poisson, un Siamois vit confortablement ; il résulte de là que le travail est pour eux illusoire sur cette terre, que la nature semble avoir créée d'autant plus productive que ses habitants consomment moins (1). »

Les différents peuples de l'Indo-Chine orientale appartiennent tous à la race jaune : Annamites, Cochinchinois, Tonkinois, Laotiens, Cambodgiens. Or, l'indigène de cette race est un modèle de vanité et d'orgueil, et le Français, quoi qu'il fasse, demeure

---

(1) De Beauvoir. *Java, Siam, Canton*, 1867.

toujours à ses yeux un être bon enfant et naïf. Son
amour-propre est immense, il s'abaisse rarement à
témoigner de l'admiration pour quoi que ce soit. Rien
ne le surprend, rien ne l'étonne, il se croit toujours
supérieur à l'étranger puisqu'il le dupe. Tous sont
imitatifs et s'assimilent rapidement les notions usuelles.
Chez eux la duplicité est innée, ils sont instinctive-
ment menteurs, voleurs et craintifs (1).

Le Tonkinois est industrieux et travaille avec succès
la soie, le coton, le cuivre et le bois. Le Cochinchinois
est plus agriculteur et n'estime pas le commerce. Les
Laotiens, indolents et fuyant le travail, ne pensent
qu'à vivre le plus agréablement possible ; ils ne montrent de réelle énergie que pour rire, chanter et
s'amuser.

La principale, sinon l'unique religion de toutes ces
peuplades, est le bouddhisme, mais un bouddhisme
accommodé à diverses traditions locales, un bouddhisme mélangé ici de brahmanisme, là des doctrines
de Confucius, ailleurs du culte des esprits et des
ancêtres.

(1) Isabelle MASSIEU. *Comment j'ai parcouru l'Indo-Chine,*
1901. *passim,* Paris, Plon.

CHAPITRE PREMIER

I

La Birmanie.

La Birmanie, longtemps royaume d'Ava ou d'Amarapoura dans la partie septentrionale, royaume de Pégou dans la partie méridionale, est aujourd'hui colonie anglaise. Après avoir commencé cette conquête dès 1782 par la fondation d'un établissement à Rangoon, la Grande Bretagne l'a poursuivie pendant tout le XIXᵉ siècle, et le vice-roi des Indes, lord Dufferin, l'a terminée en 1880 en détrônant le roi Thibaw et confisquant tous ses Etats. Quelques révoltes des tribus du Nord, les Shans, furent apaisées en 1893, et, en 1895, des conventions avec la Chine et la France donnèrent le Mékong comme limite aux territoires français et anglais entre le Siam et la Chine.

Pendant longtemps, quelques rares négociants eu

ropéens furent les seuls catholiques qui portèrent la véritable Religion en Birmanie. En 1721, deux prêtres, Sigismond Calchi, religieux barnabite, et Joseph Vittoni, pénétrèrent dans ces contrées, noblement résolus à se dévouer à la conversion des indigènes. D'autres missionnaires les suivirent. Ils étudièrent la langue birmane et réussirent à grouper un petit nombre de fidèles. Bientôt, les deux royaumes d'Ava et de Pégou formèrent un Vicariat apostolique confié aux Barnabites.

Mais des guerres trop fréquentes entre les rois de Birmanie et de Siam, le petit nombre des ouvriers apostoliques, réduits parfois à un seul, empêchèrent le développement de la Mission, qui, vers la fin du XVIII° siècle, comptait à peine 5.000 chrétiens baptisés, dont 3.000 à Rangoon.

L'Ordre des Barnabites, ruiné pendant les guerres de la République et de l'Empire, fut obligé d'abandonner ses œuvres d'apostolat. En vain des prêtres de la Propagande, en 1830, puis, douze ans plus tard, en 1842, quelques Oblats de Marie, venus de Turin, déployèrent-ils une activité prodigieuse, fondant des écoles, ouvrant des collèges et y admettant des enfants de différents cultes, tous ces efforts échouèrent contre l'indifférence et l'apathie des populations bouddhistes. Déçus dans leurs espérances d'évangélisation rapide, fatigués d'efforts souvent impuissants, plusieurs retournèrent en Europe. Bientôt la guerre éclata entre l'Angleterre et la Birmanie (1851-1852).

On devine aisément quelle en fut l'issue. Les Anglais poussèrent leurs conquêtes jusqu'aux extrémités du Royaume, et les Birmans se vengèrent de leurs défaites sur les Chrétiens. A Rangoon, Bassein et autres villes où les principales stations des missionnaires étaient établies, les églises, les écoles, les presbytères furent démolis, tandis que les prêtres, traqués et recherchés de toutes parts, étaient arrêtés, jetés dans les fers et privés de nourriture. Le P. Fornelli perdit la raison, le P. Moyse expira, à la suite des mauvais traitements endurés.

La Mission était ruinée. Mgr Balma, sans ressources, presque sans prêtres, supplia Rome d'offrir son Vicariat à la Société des Missions-Etrangères de Paris. Le 30 mars 1856, M. Bigandet, déjà provicaire de la presqu'île de Malacca, était sacré évêque. Immédiatement désigné comme administrateur de Birmanie, il se rendit à Rangoon avec quatre de ses confrères, et commença par visiter le pays qui venait de lui être confié.

En recueillant la succession de Mgr Balma, Mgr Bigandet devenait le pasteur de 5.000 fidèles, instruits, mais dépourvus de prêtres par l'effet de la dernière persécution. Le nouvel évêque n'eut rien de plus à cœur que de rebâtir les églises et de les pourvoir d'apôtres actifs et industrieux. Les villes de Moulmein, Tonghou, Rangoon, Khiansaroua, Merguy virent de nouveau des chrétientés florissantes, qui, sous la domination anglaise, ont joui de la paix et d'une ère de prospérité jusqu'alors inconnue.

Pour bien comprendre l'admirable œuvre d'apostolat accomplie en Birmanie par Mgr Bigandet, il faut se rendre compte des études approfondies, des observations journalières, auxquelles Sa Grandeur se livra pendant plusieurs années et qu'il consigna dans un mémoire, pour le plus grand profit de ses collaborateurs et de ses futurs successeurs. Le Birman, avait-il remarqué, aime la vie libre ; sous les formes extérieures du respect, il cache l'amour de l'indépendance, et, dès qu'il ne sent plus peser sur lui la main de fer d'un gouvernement absolu, il compte la loi pour rien. Il faut donc absolument faire disparaître cette tendance de son caractère, lui donner l'idée du devoir, le goût de l'ordre, le respect de l'autorité. Seule, pensait l'évêque, l'école y peut parvenir, parce qu'elle s'adresse à l'enfant dont l'âme est plus docile, l'esprit plus souple, dont les passions sont moins fortes.

Mais pour atteindre ce résultat, il était nécessaire que l'école eût de bons maîtres et une bonne méthode. Or, les professeurs des écoles birmanes sont tous des bonzes, appelés phongies, lisant aux enfants la doctrine bouddhique, sans jamais rien expliquer ni rien démontrer. Les effets d'une pareille méthode d'enseignement sont déplorables. Outre que les élèves sont imbus jeunes encore d'une doctrine néfaste et erronée, ils ne développent point leur in-

telligence, n'apprennent jamais à penser, à réfléchir,
à remonter à un principe pour en tirer une conclu-
sion. Il fallait donc créer des écoles européennes.
Monseigneur s'adressa aux frères des Ecoles Chrétiennes qui obtinrent bientôt de véritables succès. Il
fallait aussi s'occuper de l'éducation des filles. On
rencontra, pour la commencer, tous les préjugés des
religions brahmaniques. Mais on ne s'inquiéta que
médiocrement des obstacles. Des Religieuses de
Saint-Joseph de l'Apparition furent appelées. Elles
s'installèrent tout d'abord à Bassein, recueillirent,
les premières années, une centaine d'élèves et
plus, puis laissèrent leur collège aux Religieuses
du Bon Pasteur et partirent pour Mandalay, dans
le Nord, où elles déployèrent les mêmes talents,
et méritèrent les mêmes éloges. Une congrégation
de Sœurs indigènes fut aussi fondée sous le nom de
Saint-François-Xavier, et s'occupa principalement
d'instruire les femmes païennes et de visiter les
malades.

On le voit, c'était toute une armée de professeurs
rompus aux méthodes excellentes et doués, par vocation, de toutes les ardeurs de l'apostolat qui allaient
se répandre en Birmanie et secouer la paresse des
indigènes. Toutes les personnes éclairées, le frère du
roi de Mandalay, les Anglais, administrateurs de la
colonie, apprécièrent vite les travaux des nouveaux
venus et encouragèrent leurs efforts. Une Française,
qui parcourait la colonie britannique en 1896-1897,

parlait en ces termes des rapports entre les missionnaires et les gouverneurs anglais.

« La grande figure de Mgr Bigandet a illustré le siège de Rangoon, et nos compatriotes missionnaires et leurs œuvres sont très appréciés du gouvernement anglais. Leurs écoles reçoivent les mêmes faveurs que celles des confessions protestantes, et leurs élèves indigènes sont plus recherchés et inspirent plus de confiance. Le gouvernement, en outre du terrain qu'il donne, paye la moitié de la dépense des constructions, et les écoles de nos missionnaires et de nos religieuses ont toute la clientèle européenne, qui les préfère aux écoles protestantes. Le lieutenant-gouverneur de Birmanie, protestant convaincu, me disait, en parlant du zèle et du dévouement de nos missionnaires : « Quelle force et quel moyen que de tels hommes ! Quoiqu'ils ne professent pas notre religion, nous avons tous pour eux la plus grande admiration et le plus profond respect. Si l'Angleterre possédait de tels apôtres, le monde lui appartiendrait ! Nos missionnaires ne savent pas se dévouer ; ils ne se donnent pas ; ils n'oublient pas leurs intérêts temporels ; mais, du moins, ils nous frayent la route au même titre que nos commerçants (1). »

Le nombre des catholiques monta vite de 5.000

____

(1) ISABELLE MASSIEU. *Comment j'ai parcouru l'Indo-Chine, p.* 150-151.

en 1850 à 7.200 en 1866, et le vicariat unique qui comprenait la Birmanie entière fut divisé en deux : le vicariat d'Ava et Pégou qui resta confié à Mgr Bigandet et la Birmanie orientale, avec la ville de Tonghou pour capitale, qui fut remise aux soins de la Société des Missions-Etrangères de Milan, au séminaire de Saint-Calocère.

En 1870, la Propagande opéra un second remaniement. Au Sud, la Birmanie anglaise et la province d'Arrakan formèrent le Vicariat de la Birmanie méridionale, à la tête duquel resta Mgr Bigandet ; au Nord, le royaume alors indépendant de Birmanie, mais que l'Angleterre devait conquérir quinze ans plus tard, devint la Mission de Birmanie septentrionale, sous la direction de Mgr Bourdon ; à l'Est, la Birmanie orientale renferma Tonghou et les provinces situées entre la Chine et le Siam. Cette dernière continua à être administrée par les missionnaires italiens de Saint-Calocère. Les deux premières sont toujours restées confiées aux missionnaires de la Société des Missions-Etrangères de Paris.

Depuis lors, depuis surtout que la présence des Anglais a établi la sécurité dans tout le pays, de notables progrès ont été réalisés, sans qu'aucun événement bien saillant se soit produit. La foi s'est répandue peu à peu, des églises ont été bâties, et toutes les œuvres de charité ont progressé. Le nombre des missionnaires qui était de 25 en 1870, de 55 en 1890, de 83 en 1900, s'est élevé à 96 en 1904.

Depuis 1850, le chiffre des catholiques a augmenté dans les mêmes proportions. Il était, en 1904 douze fois plus considérable qu'en 1850, puisque de 5.000 il avait passé à 60.000 au début du xxᵉ siècle.

C'est particulièrement chez les Karians que les missionnaires ont obtenu le plus grand nombre de conversions. Leur condition d'agriculteurs, leur infériorité sociale à l'égard des Birmans, l'inanité des sacrifices grossiers qu'ils offrent aux génies malfaisants, tout les porte naturellement à se jeter dans le sein du Christianisme. C'est par familles et par villages qu'ils demandent à être instruits de la vraie Religion.

Une tribu à demi sauvage encore, les Shans, a été entamée récemment. Aux trois chrétientés déjà existantes, quatre nouveaux villages ont été ajoutés où l'on compte 650 catéchumènes.

Cependant, si la persécution sanglante peut difficilement se déchaîner désormais en Birmanie sous l'autorité des Anglais, des difficultés multiples ne laissent point d'entraver les œuvres de propagande évangélique. Mgr Cardot, successeur de Mgr Bigandet, dans la Birmanie méridionale, écrivait à la fin de 1903 : « Une recrudescence (j'allais dire résurrection) du bouddhisme grandit de jour en jour. Le mouvement, parti de haut, est soigneusement entretenu et accéléré par les magistrats birmans, qui se partagent l'administration des sous-préfectures et des cantons de la province. Une revue périodique vient d'être fondée dans un but de propagande bouddhique. On parle même d'établir à Rangoon un grand collège, où la jeunesse birmane devra recevoir l'éducation spéciale que ne peuvent lui donner les écoles du gouvernement, et encore moins les institutions chrétiennes de la capitale. »

En 1866, époque où les missionnaires de Milan furent envoyés par le Souverain Pontife dans la Birmanie orientale, cette province ne comptait que 340 chrétiens et cinq prêtres à la tête desquels était M. Biffi. Durant les années suivantes, le chiffre des baptêmes conférés chaque année était en moyenne de 480, dont 150 d'enfants et tous les autres d'adultes.

En 1902, le R. P. Maria, du séminaire lombard des Missions-Etrangères de Milan, écrivait de Tonghou : « Nous avons 13.000 chrétiens. Ils ont été convertis pendant ces derniers trente-quatre ans. Ils appartiennent à des tribus qui habitent les montagnes et les bois. Ils sont très pauvres. Les Karians, tel est le nom de ces tribus demi-sauvages, s'ils sont dépourvus des biens de la terre, sont riches de bonne volonté ; ils font ce qu'ils peuvent pour faciliter notre ministère. Nos 13.000 néophytes sont disséminés dans cent cinquante villages environ. Six missionnaires seulement prennent soin de cette chrétienté si éparpillée : il en faudrait au moins le double. Trois autres missionnaires sont chargés de la ville de Tonghou, où se trouvent l'orphelinat, les écoles et une population chrétienne composée d'Anglais, de Birmans, de Malabares et de mulâtres qui parlent généralement anglais. »

Ainsi les Missionnaires de Milan et les Missionnaires de Paris s'accordent à reconnaître que les population de la Birmanie les mieux disposées pour embrasser le Christianisme sont les Karians, pauvres et adonnés à la vie des champs.

II

Presqu'île de Malacca.

La Mission de Malacca est constituée par les possessions anglaises (Straits settlements) : Singapore, Pinang et la province de Wellesley, et par les Etats de Kédah, Pérak, Salangor, Sunjei-ujong, Johore, Pahang, placés sous le protectorat de l'Angleterre.

Située à l'extrémité Sud du continent asiatique, et dans le voisinage immédiat de la ligne équatoriale, la presqu'île de Malacca se présente au voyageur sous un aspect enchanteur. La brise de mer, les pluies fréquentes, les belles rivières et les innombrables ruisseaux qui descendent des montagnes, maintiennent une température humide, très favorable à la végétation, mais lourde et pénible à l'Européen. Le pays est d'une prodigieuse fertilité.

D'épaisses forêts vierges renferment des arbres magnifiques d'essences variées. Le sol, peu cultivé à
cause de l'indolence des habitants, est propre à la cul-
ture du riz, de la canne à sucre, du café, de l'in-
digo, du coton, des bananes. De riches mines
d'étain, surtout dans l'Etat de Pérah, du minerai de
fer, des gisements d'or attirent les immigrants Chinois, Anglais et Indiens qui s'établissent dans le pays
et y réalisent souvent des fortunes considérables.

C'est en 1786 que les Anglais commencèrent la
conquête pacifique de la péninsule malaise. A cette
date, ils acquirent l'île de Pinang du sultan de Kédah
moyennant une pension annuelle. En 1812, ils ache-
tèrent Singapore au sultan de Johore. La possession
de ces deux îles entraînait tout naturellement la
possession d'une langue de territoire en face, sur le
continent. Enfin, en 1896, tous les anciens Etats
indépendants de la péninsule ont formé une confé-
dération ayant à sa tête un résident général anglais.

Le siège épiscopal de Malacca, érigé par Paul IV,
le 4 février 1557, vaquait vers la fin du xviiie siècle
et ce ne fut qu'en 1838 que les chrétientés délais-
sées furent confiées aux soins du Vicaire apostolique d'Ava et Pégou. Mais celui-ci, déjà surchargé
d'un territoire trop étendu, obtint qu'on rattachât à
une autre Mission la région de Malacca et l'île de
Singapore. Ces pays firent alors partie du Vicariat
de Siam qui relevait de la Société des Missions Etrangères de Paris.

En 1841, le bref *Universi dominici gregis* divisa la Mission du Siam en deux Vicariats distincts.

La péninsule malaise fut érigée d'abord en une mission qui prit le nom de Siam occidental, changé peu après en celui de Vicariat apostolique de la presqu'île de Malacca.

A ce moment elle comptait deux missionnaires européens et 3.200 catholiques. Singapore, chef-lieu de la colonie anglaise, n'avait pour église qu'une cabane où s'assemblaient assez irrégulièrement 200 à 300 chrétiens. L'île de Pinang était mieux partagée. D'ailleurs elle recevait le séminaire général de la Société des Missions-Etrangères où sont élevés de jeunes indigènes de la Chine et de l'Indo-Chine, aspirants au sacerdoce et à l'évangélisation de leurs compatriotes. Un millier de prêtres, dont près de cent ont remporté la palme du martyre, sont sortis de cette maison au cours du XIXe siècle, et sont allés porter la foi dans la Chine, la Corée, le Japon, l'Annam et le Siam. Nous tous, qui avons nourri notre enfance des récits contenus dans les *Annales de la Propagation de la foi,* avons conservé pour le collège de Poulo-Pinang un souvenir ému, mêlé de sainte admiration. Cette maison, au nom exotique, nous apparaissait comme une réunion de frères et de héros dont les lettres racontaient naïvement les nobles exploits simplement accomplis ou les terribles persécutions divinement supportées.

Le premier Vicaire apostolique de la presqu'île

de Malacca fut Mgr Courvezy, mais son principal collaborateur fut le P. Beurel. Profondément convaincu, comme Mgr Bigandet en Birmanie, de l'importance et du rôle de l'enseignement dans les colonies britanniques, le P. Beurel appela à son aide des Frères et des Religieuses européennes pour l'éducation des enfants.

Les Dames de Saint-Maur, en 1851, et plus tard les Frères des Ecoles Chrétiennes se fixèrent à Singapore et à Pinang où ils ont établi des écoles dont les succès ont constamment grandi.

Les Anglais, selon leur coutume, ouvrent toutes grandes les portes de leur colonie malaise à l'élément asiatique, aux émigrés venus de l'Inde ou de la Chine. En 1888, 138.000 Chinois débarquèrent à Singapore, et depuis lors il en a été de même, ou à peu près, chaque année ; aussi compte-t-on plus d'un million de Chinois dans les territoires anglais ou protégés par l'Angleterre. C'est parmi ces émigrants nouveau venus que le missionnaire réussit principalement à étendre le règne de Jésus-Christ. Les Malais mahométans, les Indiens, trop indolents ou trop insouciants, les sauvages nomades offrent peu de prise au zèle apostolique, tandis que les Chinois, une fois débarrassés des mille entraves de leur pays, se montrent plus abordables et moins rebelles à l'action de la grâce. Aussi le P. Paris eut vite fait de constituer la paroisse chinoise de Singapore, dont l'église récemment agrandie est encore trop petite pour contenir la chrétienté toujours grossissante.

Les petits sultans, souverains des territoires protégés par la Grande-Bretagne, suivent les exemples des résidents anglais et se montrent favorables au Christianisme. Ils accordent facilement un ou plusieurs terrains pour bâtir des églises. Le sultan de Johore, malais de race et musulman de religion comme tous les autres modestes potentats de la presqu'île, a donné maintes fois aux missionnaires des marques de son estime. Dernièrement, grâce aux bons offices d'un excellent Catholique qui dirige ses plantations, il a autorisé la Mission à prendre possession d'un terrain où l'on a construit une chapelle sous le vocable de Notre-Dame de Lourdes.

Un événement d'influence plus générale eut lieu en 1888 dans la Mission de Malacca.

En exécution du Concordat arrêté en 1885 avec le Portugal, Léon XIII transféra à l'évêque de Macao la juridiction des chrétientés portugaises de Malacca et de Singapare. Les descendants des anciens Malais, convertis par saint François Xavier et ses successeurs, étaient alors réduits à 2.600. Le Vicariat apostolique fut érigé en diocèse et le titulaire, Mgr Gasnier, reçut le titre restauré d'évêque de Malacca avec résidence à Singapore.

Le nouveau diocèse, renfermé tout entier dans un territoire placé sous l'autorité des Anglais, jouit de la paix et de la sécurité. Il continue ses progrès lents, mais incessants ; aussi combien grande est la joie du chrétien, voyageur, commerçant ou apôtre, en parcourant les nombreuses et florissantes paroisses qui, de la capitale des Straits Settlements, se prolongent dans les provinces du continent, dans les royaumes de Johore et de Perak où naguère l'élément païen seul était représenté. Le nombre des catholiques s'est élevé, de 3.200 en 1841, à 8.500 en 1870, à 12.582 en 1890, à 19.830 en 1900, à 22.419 en 1904.

En résumé, voici quelle était, en 1905, la situation du catholicisme dans l'Indo-Chine anglaise.

Birmanie septentrionale : **Sur** une population païenne d'environ 3.500.000 habitants, on comptait 7.248 catholiques. Il y avait 1 évêque, 23 missionnaires européens, aidés de 3 prêtres indigènes et de 20 catéchistes ; 47 églises ou chapelles, 1 séminaire et 14 séminaristes, 25 écoles et 1376 élèves, 6 orphelinats et 330 enfants, 2 hôpitaux, 5 dispensaires. Les Religieuses de Saint-Joseph-de-l'Apparition, au nombre de 24, tiennent un Refuge pour les femmes païennes âgées et infirmes, à Mandalay. Les Missionnaires franciscaines de Marie, et 7 Frères des écoles chrétiennes dirigent aussi des écoles.

Birmanie méridionale : **Païens**, 4.000.000 environ ; catholiques, 44.080 ; 1 évêque, 50 missionnaires européens, 8 prêtres indigènes, 40 catéchistes ; 231 églises ou chapelles, 1 séminaire et 15 séminaristes ; 78 écoles et 4.536 élèves, 21 orphelinats et 774 enfants ; 11 hôpitaux, 22 dispensaires. Les établissements religieux y sont prospères. On compte 33 Frères des écoles chrétiennes, 25 Religieuses du Bon-Pasteur, qui dirigent à Rangoon une école industrielle pour les jeunes filles pauvres ; 20 Religieuses de Saint-Joseph-de-l'Apparition ; Petites Sœurs des pauvres, 10 ; Religieuses indigènes 'de Saint-François-Xavier, 19 ; Missionnaires franciscaines de Marie, 5.

Birmanie orientale : Païens, 1.900.000 ; catholiques, 14.500 ; 1 évêque, 11 missionnaires européens (italiens), 2 prêtres indigènes, 64 catéchistes ; 126 églises ou chapelles, 1 séminaire et 8 séminaristes ; 66 écoles et 900 élèves, 7 orphelinats et 313 enfants ; 5 pharmacies et dispensaires. Les Sœurs de Nazareth de Milan dirigent quelques écoles.

Malacca : Païens 1.500.000 ; catholiques, 22.419 ; 1 évêque, 37 missionnaires européens et 2 prêtres indigènes, 47 catéchistes ; 48 églises ou chapelles, 43 écoles et 3.660 élèves, 25 crèches ou orphelinats et 808 enfants. Les Frères des écoles chrétiennes y sont au nombre de 27 et les Sœurs du Saint-Enfant-Jésus, appelées aussi Dames-de-Saint-Maur, de 87.

CHAPITRE II

SIAM

Le royaume de Siam est une monarchie despotique, tempérée par des formes et des usages empruntés aux gouvernements européens. Les provinces sont administrées par des mandarins ou *phajas* nommés par le roi et révocables à sa merci. Plusieurs principautés du Laos et de faibles Etats de la péninsule malaise sont aussi les tributaires du Siam.

Le bouddhisme domine, mais presque tous les systèmes religieux inventés par les hommes se sont donné rendez-vous et se coudoient journellement dans les villes du royaume. Cette multiplicité de sectes constitue un très grand obstacle à la propagation de la foi catholique, d'autant que les enseignements de l'une sont en opposition avec les enseignements de l'autre, et que les Siamois, incapables de démêler le vrai du faux dans ces doctrines contradictoires, ne sentent pas le besoin de raisonner leur foi. On leur a prêché en même temps trop de croyances opposées les unes aux autres. « Si votre doctrine est la seule vraie, disent-ils, pourquoi tous les savants ne sont-ils pas de votre avis. »

Les Portugais débarquèrent les premiers à Siam au xvi° siècle, et leurs missionnaires tentèrent avant tous les autres d'évangéliser le peuple des Thaï. Les Français suivirent leur exemple au xvii° siècle, et le P. Alexandre de Rhodes obtint de la Cour de Rome qu'elle enverrait des prêtres en Indo-Chine. Louis XIV leur donnerait son appui. Le premier missionnaire français qui se rendit au Siam fut Pierre de la Motte-Lambert ; il arriva à Juthia le 22 août 1662, et y fut bientôt rejoint par Mgr Pallu, vicaire apostolique du Tonkin.

Ce dernier, dans un voyage en France, adressa plusieurs mémoires à Louis XIV et à ses ministres, leur indiquant les divers points des côtes de l'Extrême-Orient où nous devions établir des comptoirs de commerce. Il parlait spécialement d'en fonder un à Siam. « De ce royaume, disait-il, la France toucherait au Sud des îles de Sumatra, Bornéo, Java ; à l'Ouest, elle rayonnerait jusqu'à ses stations des Indes et à Madagascar ; elle serait à portée de fonder et de soutenir les établissements de l'Est en Cochinchine, au Tonkin, en Chine, au Japon. » Le roi accepta avec satisfaction les mémoires de l'évêque, lui promit de les lire, et lui assura sa protection pour les missions qui lui étaient confiées. De retour à Siam, Mgr Pallu offrit au roi Phra-naraï des présents de la part de Louis XIV et du Souverain Pontife.

Le premier ministre du roi de Siam alors régnant était un aventurier grec, actif, intelligent, du nom de Constance ou Constantin Phaulkon. Il convainquit facilement son maître des avantages de contracter une alliance étroite avec la nation française, riche, généreuse et brave, qui protégerait ses Etats contre les entreprises des Hollandais. L'ambition du ministre se rencontra avec les sentiments personnels du souverain qui, en 1681, fit partir une ambassade pour la France, avec un missionnaire, le P. Gayme, pour interprète.

Mais le navire qui portait les ambassadeurs fit naufrage sur les côtes de Madagascar. Phra-naraï ne se découragea pas et, le 25 janvier 1684, il envoya d'autres négociateurs auxquels il donna comme la première fois un missionnaire pour guide et pour introducteur : ce fut le P. Bénigne Vachet.

A Paris, les fêtes succèdèrent aux fêtes en l'honneur des envoyés du roi de Siam (1), mais sans aboutir à rien de bien sérieux.

Louis XIV fut cependant assez satisfait, et envoya à son tour une ambassade dont le chef était M. de Chaumont, accompagné de plusieurs gentilshommes et de Jésuites mathématiciens qui ne devaient s'arrêter qu'en Chine.

Dans les lettres que le roi de France avait chargé

(1) C'est en présence de ces ambassadeurs que Fénelon donna le sermon sur la Vocation des Gentils, le 6 janvier 1685, en l'église des Missions-Etrangères, à Paris.

son ambassadeur de présenter, il appuyait spécialement sur la nécessité pour le souverain siamois
d'embrasser le Catholicisme. Et, en réalité, pendant
quelque temps on put se demander si Phra-naraï
n'avait pas des velléités de se convertir; il s'entrete-
nait fréquemment avec Mgr Laneau, lisait le caté-
chisme et faisait placer un crucifix dans ses apparte-
ments. Le 10 décembre 1685, il donnait le droit de
prêcher l'Evangile dans toutes les provinces de ses
Etats, exemptait les sujets catholiques des corvées le
dimanche et les jours de fête, et désignait un mandarin pour trancher toutes les difficultés possibles
entre Chrétiens et païens.

Un traité de commerce très avantageux pour nous
suivit la convention religieuse. Pour l'appuyer, les
ministres de Louis XIV décidèrent l'envoi de troupes
et d'une force imposante. Mais dès leur arrivée,
plusieurs mandarins siamois se montrèrent mécon-
tents de la faveur de Phaulkon, de la présence des
étrangers et de l'autorité qu'ils prenaient dans le
pays. Le désaccord se mit entre les chefs de l'expédition française. Un mandarin, Phra-phret-raxa ou
Pitra-cha, mit à profit toutes ces circonstances pour
ourdir une conspiration. Phaulkon fut assassiné et le
roi, emprisonné, mourut bientôt d'une mort trop
rapide pour paraître naturelle. Les Français, longtemps bloqués dans Bang-Kok, obtinrent enfin qu'on
les laissât retourner en France. Craignant une trahi-
son, ils mirent à la voile en emmenant des manda-

rins siamois, ainsi que les otages donnés précédemment à Phra-naraï et qui tous s'étaient enfuis, à l'exception de l'évêque.

A cette nouvelle, les Siamois se précipitèrent sur Mgr Laneau resté à Juthia, le saisirent par les mains, par les pieds, le traînèrent dans la boue, et enfin le jetèrent demi-mort sur des herbes sèches où, pendant deux heures, il demeura exposé aux insultes. On lui arracha la barbe, on lui cracha au visage, on vomit contre lui les imprécations les plus horribles. Quand la population eut rassasié sa haine des outrages qu'elle prodiguait, Pitra-Cha fit jeter le Vicaire apostolique en prison.

Telle fut l'issue fatale des relations de la France avec le Siam au xviie siècle. Des espérances de conversions et de grandeur religieuse, dont la réalisation avait été préparée avec tant de soin, il ne resta qu'un souvenir douloureux et des ruines.

Pendant plus d'un demi-siècle, la situation des rares missionnaires français attachés à l'apostolat de Siam fut fort embarrassée, lorsque l'invasion des Birmans fournit au souverain une occasion précieuse de rendre sa confiance aux Chrétiens. Plusieurs régiments se formèrent, uniquement composés de fidèles, et ils défendirent les bastions dont ils avaient la garde avec un courage qui contrastait avec la pusillanimité des autres troupes. Les Birmans se retirèrent et le roi de Siam n'oublia pas l'intrépidité des Catholiques. Chaque Chrétien reçut un présent.

Le peuple baptisa l'église française du nom d'église de la victoire ; il salua l'évêque, Mgr Brigot, du nom de grand défenseur de la ville.

Les Birmans n'avaient cependant que momentanément renoncé à leurs conquêtes ; ils reparurent en 1765, firent prisonniers les deux missionnaires de Mergui, les PP. Alary et Andrieux, revinrent mettre le siège devant Juthia, dont ils s'emparèrent, et emmenèrent Mgr Brigot en captivité avec la plupart de ses fidèles.

La Mission de Siam était ruinée ; des douze mille catholiques dont elle se composait avant la guerre, elle n'en comptait plus que mille ; les autres étaient morts ou exilés ; les églises, les presbytères, les écoles avaient été incendiés.

De mauvais jours pour l'apostolat s'approchaient ; la Révolution française tarit la source des vocations ecclésiastiques, et, après la mort du P. Rabeau, jeté à la mer par des matelots birmans (1809) pour avoir voulu protéger un Français, capitaine au long cours, il ne resta plus à Siam qu'un seul missionnaire, Mgr Florens, dont la charité fut si grande que les païens en ont longtemps gardé le reconnaissant souvenir.

Dès lors, manquant de prêtres, l'Eglise de Siam offrit un douloureux spectacle pendant près de cinquante ans, jusqu'à la mort de Mgr Pallegoix, arrivée en 1862.

Le roi de Siam, Mongkout, avec lequel l'évêque

était intimement lié, lui fit rendre les plus solennels honneurs et voulut être lui-même présent à ses funérailles ; les missionnaires ayant eu l'heureuse pensée de lui offrir l'anneau pastoral du prélat défunt, il leur répondit :

« Cet anneau bénit qui avait appartenu à Sa Grandeur, je l'ai reconnu aussitôt comme étant celui que le Très Révérend Evêque, mon ami bien-aimé, portait lorsqu'il venait me voir et qu'il m'avait donné à examiner autrefois. On m'a dit que Sa Grandeur s'en servait aux jours de fête, pour bénir le peuple chrétien pendant le service divin. Je reçois avec le plus grand plaisir le souhait que vous me faites en m'envoyant ce souvenir de mon intime ami défunt : qu'il soit aussi pour moi une source de bénédictions. »

Le successeur de Mgr Pallegoix fut Mgr Dupont. Les débuts de son épiscopat furent marqués par une conversion qui fit grand bruit dans le royaume tout entier, celle d'un bonze ou talapoin, supérieur d'une grande pagode, à Vat-Klua, et très estimé pour ses austérités véritablement sincères. Il fut baptisé au mois de mars 1864. Le même jour, un ordre du roi, demeuré foncièrement païen, malgré sa sympathie pour les missionnaires, dispersa tous les talapoins de Vat-Klua, chassa le vieillard et épouvanta tous ceux qui devaient le suivre. Evidemment, le jour du triomphe n'était pas encore venu pour l'Eglise de Siam.

De nombreuses difficultés ont eu lieu pendant ces

dernières années entre la France et le Siam, elles ont amené la présence de nos bateaux de guerre devant Bangkok, et nos Chrétiens, soupçonnés par les Siamois de favoriser les entreprises françaises, ont été parfois emprisonnés sous les plus futiles prétextes, subissant d'évidents dénis de justice, en butte à la malveillance de leurs compatriotes païens et surtout des fonctionnaires. Il fallait user de patience et de prudence, et nos Chrétiens cessèrent d'être molestés.

Enfin le roi Chulalongkorn, à son retour d'Europe, admit à son audience tous les missionnaires, s'enquit de leur âge, du nombre d'années qu'ils avaient passées au Siam et du chiffre de leurs Chrétiens. L'audience dura plus d'une demi-heure, et les missionnaires se retirèrent assurés que leur vie ne pourrait être en danger, mais qu'ils ne trouveraient à la cour aucun appui dans l'évangélisation des sujets de Sa Majesté siamoise.

Aussi ce pays, qui plusieurs fois s'est vu sur le point d'être rattaché à la France, que nos aïeux catholiques espéraient voir converti, compte encore aujourd'hui un nombre de fidèles relativement restreint.

Voici quelle était en 1904 la situation de la Religion catholique au Siam.

Sur une population païenne d'environ quatre millions et demi d'habitants, on ne comptait que 22.300 chrétiens. Ils avaient été 2.300 en 1800 ; 2.500 en

1820 ; 7.000 en 1840 ; 10.000 en 1870 ; 18.200 en 1890 ; 22.200 en 1900. Il y avait, en 1904, 1 évêque, 42 prêtres européens et 11 indigènes, 41 cathéchistes ; 50 églises ou chapelles, 1 séminaire et 40 séminaristes ; 46 écoles et 3.127 élèves, 16 orphelinats et 430 enfants, 5 pharmacies ou dispensaires ; 80 Religieuses : Dames de Saint-Maur, Religieuses de Saint-Paul de Chartres, Amantes de la Croix (indigènes) qui toutes se dévouent à l'éducation des jeunes filles.

CHAPITRE III

L'INDO-CHINE FRANÇAISE

I

L'empire d'Annam.

Nous comprenons sous le nom d'Indo-Chine française tous les Etats qui formaient l'ancien empire
d'Annam : le Tonkin, l'Annam, la Cochinchine et le
Cambodge. Dans ses grandes lignes, l'histoire de ces
Missions offre bien des faits connexes, des périls et
des malheurs identiques ; aujourd'hui le territoire,
dans lequel elles sont situées, appartient à la France,
ou comme colonie ou comme pays de protection.

Le Catholicisme n'apparut guère en Indo-Chine
que vers le commencement du XVII° siècle. Le P. Bal-
dinotti, jésuite italien, pénétra au Tonkin en 1626 ;
trouvant dans le peuple des dispositions favorables à
la Religion chrétienne, il fit venir pour l'aider les
PP. Marquès et de Rhodes. Bientôt les prêtres des

idoles, alarmés de la désertion de leurs disciples, conjurèrent la perte des missionnaires ; par leurs calomnies et leurs intrigues, ils réussirent à les faire chasser du royaume en 1630. Trois autres Jésuites vinrent l'année suivante remplacer leurs confrères. Quelle fut leur joie lorsqu'ils virent qu'en l'absence des pasteurs le troupeau s'était acrru ! En arrivant ils donnèrent le baptême à plus de 2.000 catéchumènes que trois catéchistes avaient préparés. Leurs prédications eurent tant de succès qu'en 1639 cette Mission naissante comptait déjà 82.000 néophytes. Dans les seules années 1645 et 1646, vingt-quatre mille païens abjurèrent le culte des faux dieux. Tous ceux que l'intérêt ou les préjugés attachaient aux superstitions se soulevèrent de nouveau ; en 1662, les missionnaires furent chassés une seconde fois du Tonkin. Depuis cette époque, jusqu'au commencement du xviiie siècle, la religion a été presque toujours entravée dans ce royaume, néanmoins il ne paraît pas qu'on ait condamné des chrétiens à mort ; on se contentait de leur infliger des amendes, diverses tortures et la prison.

Les premiers Vicaires apostoliques de la Société des Missions-Etrangères, Mgr Pallu et Mgr de la Motte-Lambert, furent à la même époque (1662) chargés l'un du Tonkin et l'autre de la Cochinchine. Par eux et par leurs collaborateurs, ils s'y créèrent une situation solide, ils fondèrent des paroisses, établirent des séminaires, instituèrent des communautés de Religieuses indigènes appelées Amantes-de-la-Croix. Pendant ce temps, Mgr Pallu essayait d'unir par des traités de commerce utiles à la fortune publique et à la civilisation, le Tonkin et la France, et il est curieux de voir ce rêve naître, il y a plus de deux siècles, dans l'esprit d'un évêque missionnaire(1).

Le 2 janvier 1672, il soumit à Colbert, dans les termes suivants, le projet d'établir un comptoir au Tonkin :

« Mgr de la Motte-Lambert y a si bien disposé les choses, qu'il a obtenu du roi par deux ecclésiastiques, qui étaient déguisés en marchands, le pouvoir d'y demeurer et de faire bâtir une maison, en un beau lieu qui leur fut assigné, dans l'espérance qu'il donna que la Compagnie française y pourrait bien venir prendre un établissement. Il en a écrit à MM. les Directeurs généraux et leur a envoyé des mémoires très instructifs du négoce qu'on y peut faire.

« Je vous supplie pour l'intérêt de la foi, et pour l'honneur et la gloire du Roi Très Chrétien, de porter MM. les Directeurs généraux à disposer incessamment tout ce qui est nécessaire pour l'établissement d'un comptoir en ce royaume ou au moins pour y faire un voyage. »

Ce désir fut exaucé. En 1682, MM. Baron et Guilhem frétèrent un navire et l'expédièrent au Tonkin.

____

(1) Je suivrai dans ses grandes lignes l'excellent article de M. Adrien Launay dans les Missions Catholiques françaises publiées par Piolet, Paris, Colin.

Le grand profit que l'on retira de ces relations fut, pour les Chrétiens, une paix relative et la cessation temporaire des vexations causées par l'avarice ou par la haine des mandarins.

Les années passèrent, les rois et les ministres bienveillants alternaient avec les rois et les ministres persécuteurs ou tracassiers. Parfois les prêtres et les évêques étaient protégés, parfois ils étaient exilés, car on redoutait leur influence religieuse qui allait grandissant. Les proscrits partaient, accompagnés jusqu'au rivage par les mandarins chargés de les surveiller, et puis, en pleine mer, leur petite barque virait de bord, voguait droit à la côte et débarquait les infatigables apôtres. Afin de ne pas se compromettre ou pour augmenter leurs revenus, les mandarins fermaient les yeux, et l'évangélisation reprenait sa marche prudemment, dans la pénombre, même dans les ténèbres ; elle s'étendait, s'étendait toujours malgré les obstacles opposés par les païens.

Il en fut ainsi au Tonkin, pendant le XVIIe et le XVIIIe siècle ; de même en Cochinchine, le sang chrétien fut épargné et le nombre des Chrétiens s'accrut.

En 1802, Nguyen-anh sortait victorieux d'une longue guerre civile de trente ans qui avait failli lui coûter le trône et la vie. Il était proclamé roi sous le nom de Gia-long et reconnu maître absolu de tout l'Annam, Cochinchine et Tonkin réunis. Or, ce triomphe longtemps inespéré, ces victoires et ce magnifique résultat, il les devait entièrement à Mgr Pigneaux de Béhaine qui lui avait amené une poignée d'officiers et de marins français, avec l'aide desquels il avait chassé les rebelles de la moyenne Cochinchine et consolidé son empire.

Gia-long mourut en 1821 ; son fils Minh-mang lui succéda ; il craignait et détestait les Français, les seuls qui eussent fait du bien à sa famille.

On a dit qu'il fut intelligent ; peut-être, mais intelligent à la manière des lettrés chinois et annamites, ne regardant que le passé, s'y attachant avec âpreté, incapable de chercher dans le présent des signes qui font prévoir et préparer l'avenir ; il fut surtout un esprit étroit, auquel son entêtement a donné quelque relief, et sa perfidie un reflet d'habileté. Toujours est-il que Minh-mang allait ouvrir pour l'Eglise d'Annam une ère de persécution sanglante, mais une ère de persécution qui rappellerait de tous points celle du Japon au début du XVIIe siècle ou les exécutions en masse des premiers temps du Christianisme sous les Néron, les Dèce et les Dioclétien.

La Société des Missions-Etrangères de Paris, qui eut tout le poids du cruel fléau à supporter, a inscrit dans ses *Annales* les plus belles pages de l'histoire de l'Eglise au XIXe siècle.

Le rusé Minh-mang commença par forcer au départ le consul de France, Chaigneau, et son vieil ami Vannier, les deux seuls survivants des Français, soutiens de Gia-long. Il refusa de recevoir une lettre de

Louis XVIII, apportée par Bougainville, sous prétexte que cette lettre, écrite dans une langue étrangère, ne pouvait être comprise par aucun Annamite.

De temps à autre, il avait des mots sinistres contre le Catholicisme. A l'un de ses officiers qui lui citait l'exemple des princes japonais noyant le Christianisme dans le sang : « Laissez-moi faire, répondit-il, j'ai mon plan qui est bien meilleur. »

Ce plan fut bientôt connu. Il consistait en deux opérations principales : fermer absolument l'entrée du royaume aux nouveaux missionnaires, appeler à la cour ceux qui étaient déjà dans le pays, et les mettre dans l'impossibilité de remplir leur ministère.

En 1825, le souverain annamite lança un édit pour défendre l'entrée de nouveaux Maîtres de religion dans son royaume. C'était la première partie de son programme. Ensuite, il appela les anciens à sa cour; c'était la seconde. Quelques missionnaires de Cochinchine, trop connus pour se cacher, se rendirent à cet ordre ; ceux du Tonkin, à peu près ignorés, restèrent chez eux.

Le succès du plan était déjà compromis. Un vieux soldat de Gia-long, le vice-roi de Saïgon, le fit échouer complètement. Il partit pour Hué, et noblement, comme l'eût fait un chevalier chrétien, il dit à son souverain :

« Comment ! nous persécuterions les maîtres européens, dont nous avons encore, à l'heure qu'il est, le riz entre les dents ? Qui donc a aidé le feu roi à recouvrer ce royaume ? Il paraît que Votre Majesté a bien envie de le perdre de nouveau. Les Tay-Son ont persécuté la religion et ils ont été détrônés ; le roi de Pegou vient de perdre la couronne pour avoir chassé les prêtres. C'en est fait du royaume, puisque le roi ne se rappelle plus les services des missionnaires, qui nous donnaient du riz quand nous avions faim... Non, tant que je vivrai, le roi ne fera pas cela ; que Votre Majesté fasse ce qu'elle voudra après ma mort. »

Minh-mang ne répondit pas, mais le courageux vice-roi mourut et bientôt après, le 6 janvier 1833, le premier grand édit de persécution fut publié.

« Nous ordonnons, disait le tyran, à tous ceux qui suivent cette religion (la religion catholique), depuis le mandarin jusqu'au dernier du peuple, de l'abandonner sincèrement, s'ils reconnaissent et redoutent notre puissance. »

La persécution commença, horrible et sanglante ; elle devait durer plus de cinquante ans avec des accalmies précédant ou suivant d'effroyables orages.

Le premier missionnaire arrêté et étranglé, en 1833, fut M. Gagelin ; le provicaire de Cochinchine, M. Marchand, subit le supplice des cent plaies, où le patient ne meurt que lentement, tenaillé, déchiqueté. Après eux vinrent successivement M. Cornay condamné à avoir tous les membres coupés ; M. Jaccard étranglé, Borie décapité, tous deux en 1838. Nos Seigneurs Delgado et Hénarès, l'un vicaire apostolique, l'autre coadjuteur du Tonkin oriental, décapités avec le P. Fernandez. Ces trois derniers étaient Dominicains (1), de la province du Saint-Rosaire des Philippines. D'autres moururent en prison ou cachés dans les broussailles des forêts. Les fidèles les plus vaillants et les moins soupçonnés offraient un asile au proscrit ; ils venaient le chercher la nuit, le conduisaient par des sentiers écartés, prêts, à la moindre alerte, à se jeter dans la rizière et y rester blottis jusqu'à ce que toute inquiétude ait disparu. Quant l'apôtre était arrivé, on l'enfermait bien vite dans une chambre retirée, entre deux cloisons ; ou bien l'on creusait dans le jardin une fosse dont on recouvrait l'ouverture de branches et de feuillage. Le missionnaire demeurait là plus ou moins longtemps, suivant la surveillance exercée et les craintes conçues. M. Retord changea dix fois d'asile en quatre mois. Les églises pendant ce temps-là étaient renversées et les prisons regorgeaient de Chrétiens, qui y confessaient généreusement leur foi.

« Qu'on frappe sans pitié, écrivait Minh-mang à ses mandarins, qu'on torture, qu'on mette à mort ceux

(1) Les Dominicains évangélisent le Tonkin depuis 1676. Leur Diocèse du Tonkin oriental a été divisé en deux en 1848, et en trois en 1883 : Tonkin oriental, septentrional et central.

qui refusent de fouler aux pieds la croix. Qu'on sache que ce refus seul les constitue en état de rébellion. Qu'on prenne donc une hache, un sabre, un coutelas, tout ce qui se trouve sous la main, et qu'on extermine ces endurcis, sans qu'il en échappe un seul. »

De telles instructions furent généralement suivies. Une vingtaine de prêtres indigènes et plusieurs centaines de laïques versèrent courageusement leur sang pour la foi.

Un religieux Dominicain écrivait au Général de son Ordre en 1844 : « Vous savez par quelles épreuves a passé cette Mission, surtout pendant les dix dernières années qui viennent de finir, et de quelle manière, au fort de la persécution, ont combattu pour la foi et remporté la palme du martyre les deux évêques de notre Ordre, Mgr Delgado et son coadjuteur, Mgr Hénarès, le Vicaire provincial de la Mission, huit religieux indigènes, quatre prêtres séculiers, et treize catéchistes simples fidèles. »

La mort de Minh-mang, arrivée en 1841, accorda quelque répit aux Eglises d'Annam. Son successeur, Thieu-tri, se montra sinon bienveillant pour les Chrétiens au moins craintif devant les succès des Anglais en Chine et les corvettes françaises.

La modération de Thieu-tri ne fut malheureusement pas imitée par son successeur Tu-duc. A peine était-il monté sur le trône qu'il publia, en 1848, un édit mettant à prix la tête des missionnaires ; un autre fut porté en 1851 à la suite d'une conspiration tramée par le frère du roi, et dans laquelle on avait voulu entraîner les chrétiens.

A la suite de ces édits, M. Schæffler fut décapité le 1er mai 1851 et M. Bonnard le 1er mai 1852.

C'est alors, dans le feu de la persécution, que brillèrent le courage, la patience et je dirai même le joyeux entrain de Mgr Retord, vicaire apostolique du Tonkin occidental. Sans cesse traqué par les satellites, il consolait ses confrères, les exhortait au martyre et composait même à cet effet des cantiques. Il écrivait aux Directeurs du séminaire de Paris :

« Ne croyez pas que nous nous laissions abattre par le chagrin, décourager par les revers ou intimider par la peur. Non, notre espérance en Dieu est toujours sans bornes. Nous savons que, sans sa permission, il ne tombera pas un seul cheveu de notre tête. Donc vivent les misères et les pleurs de cette vie, les croix et les tribulations des apôtres et surtout les tourments et le sang des martyrs ! Plaise à Dieu que nous en soyons trouvés dignes ! »

Sur ces entrefaites, Napoléon III voulut nouer des relations avec l'Annam et réclamer pour les missionnaires la liberté de prêcher la vérité. Il se mit d'accord avec l'Espagne qui avait aussi le massacre de plusieurs de ses nationaux à venger ; et les deux pays s'unirent pour défendre la liberté religieuse en Indo-Chine.

Le vice-amiral français, Rigault de Genouilly, et le

colonel espagnol, Lanzarote, furent placés à la tête de l'expédition.

Le 31 août 1858, ils s'emparèrent de Tourane et attendirent six mois. Ensuite l'amiral Rigault partit pour Saïgon dont il s'empara au mois de février 1859. Après ce brillant fait d'armes, il s'arrêta. Pendant ce temps, la persécution continuait de sévir dans tout l'Annam, ardente et implacable, le sang coulait dans tous les prétoires. Dans les deux Vicariats confiés aux Dominicains, 47 prêtres furent martyrisés et trois évêques : Mgr Diaz, Mgr Hermosilla et Mgr Berrio-Ochoa. Dans les Vicariats commis à la sollicitude des prêtres sortis des Missions-Etrangères de Paris, les victimes furent plus nombreuses encore, 68 prêtres annamites, c'est-à-dire environ le tiers du clergé indigène, versèrent leur sang pour Jésus-Christ. De plus, 80 couvents de sœurs furent détruits, 2.000 religieuses dispersées ; une centaine d'entre elles donnèrent leur vie pour la foi. Des notables de toutes les chrétientés, au nombre de 10.000 environ, furent emprisonnés dans tout l'empire. Plus de la moitié moururent pour la foi ; les uns étaient décapités après jugement régulier, d'autres brûlés en masse, enterrés vifs, jetés à la mer ou dans les fleuves ; un grand nombre, surtout au Tonkin, moururent de faim. Il faudrait ajouter la destruction de plus de 2.000 chrétientés dont les biens-fonds, rizières, maisons et jardins, furent donnés aux païens du voisinage. Les familles chrétiennes étaient anéanties ou supprimées : le mari envoyé dans une province, la femme dans une autre ; les enfants à qui voulut les prendre. D'après les documents les plus sérieux, environ 40.000 fidèles périrent, pendant l'année la plus terrible, par suite des mauvais traitements, de la faim, des misères inouïes qu'ils endurèrent.

Cependant la guerre civile éclata au Tonkin, où des partisans de l'ancienne dynastie des Lê s'étaient soulevés ; et Tu-duc, craignant de voir les Français s'allier avec eux, se décida à conclure la paix. Elle fut signée le 5 juin 1862 à Saïgon. Tu-duc nous cédait les trois provinces, que déjà nous occupions, de Bien-hoa, de Saïgon et de My-tho. Une somme de 20 millions de francs, payable en dix annuités, devait indemniser la France et l'Espagne des dépenses qu'elles avaient faites pendant l'expédition. La question religieuse était réglée par l'article 2 du traité :

« Les sujets des deux nations de France et d'Espagne pourront exercer le culte chrétien dans le royaume d'Annam, et les sujets de ce royaume, sans distinction, qui désireraient embrasser et suivre la religion chrétienne, le pourront librement et sans contrainte. »

Arrêtons-nous un peu pour fixer le nombre des Catholiques à différentes époques du XIXe siècle.

Au début, il y avait au Tonkin et en Cochinchine 3 vicaires apostoliques, 15 missionnaires européens, 119 prêtres indigènes, 310.000 catholiques.

En 1840, vers la fin de la grande persécution de

Minh-mang, on comptait 3 évêques, 2 coadjuteurs, 24 missionnaires européens, 144 prêtres indigènes et 420.000 catholiques.

L'Eglise d'Annam avait donné ses preuves. Grégoire XVI, attentif à ses combats, félicita le clergé et les fidèles de leur constance héroïque. Afin 'de rendre plus efficace et plus immédiate l'action de l'apostolat, il multiplia les évêques et les Vicariats. La mission unique de Cochinchine fut donc divisée en quatre : Cochinchine orientale et Cochinchine occidentale (1844), Cochinchine septentrionale détachée de l'orientale (1850), Cambodge détaché de la Cochinchine occidentale en 1848. Le Tonkin occidental fut partagé de son côté en deux Vicariats : Tonkin occidental et méridional.

Les Missions annamites, avec les trois Vicariats confiés aux Dominicains, étaient donc réparties de 1850 à 1895 en 9 Vicariats.

En 1890, on trouvait dans ces Missions 218 prêtres européens, 355 prêtres indigènes et 628.300 catholiques.

Onze années de tranquillité (1862-1873), au moins dans notre colonie naissante, permirent à la Mission de se ressaisir et de se développer. Mais en 1873, la mort du lieutenant Francis Garnier à Hanoï, la mauvaise foi des Annamites, favorisant et soutenant la révolte des Pavillons-Noirs, et enfin la mort du commandant Rivière, tué dans une sortie contre l'ennemi, décidèrent enfin la France à envoyer le général Bouët et l'amiral Courbet à la tête d'un corps expéditionnaire.

Nos soldats rapidement victorieux s'emparèrent de Son-Tay, après une résistance acharnée, le 17 décembre 1883.

Pour se venger des défaites qu'il essuyait, le gouvernement annamite (1) donna l'ordre de massacrer tous les Chrétiens, « les amis des Français ». A cet appel venu de Hué, les bandes de soldats et de Pavillons Noirs tressaillirent de joie. Trop faibles ou trop lâches pour lutter contre nos soldats, ils préférèrent s'enfoncer dans l'intérieur où les Français n'avaient pas encore pénétré, et le 6 janvier 1884, à Ban-pong, ils massacrèrent trois missionnaires : MM. Gelot, Rival et Manissol ; le 9 janvier, à Muong-deng, deux autres : MM. Séguret et Antoine ; enfin le 9 avril, M. André Tamet. De nombreuses paroisses furent détruites, des églises brûlées, des centaines de chrétiens massacrés, des milliers de néophytes se jetèrent dans les forêts pour échapper à la mort.

Cependant, nos diplomates signaient des traités de paix. Le régent Nguyen-van-Tuong promit de donner une indemnité aux missionnaires. D'un autre côté, la Chine concluait une convention avec le capitaine de vaisseau Fournier.

Tout semblait donc arrangé. Mais, au fait, les

(1) Tu-duc était mort le 17 juillet 1883, après 35 ans de règne. La minorité de son fils et successeur Hiep-Hoa était confiée au cruel Nguyen-van-Tuong.

Chinois et les Annamites s'entendaient pour tromper les Français, comme le démontra le guet-apens de Bac-lé (24 juin 1884).

La guerre recommença, et cette fois la France s'attaqua directement à la Chine ; l'amiral Courbet bombarda Fou-tcheou et bloqua Formose, jusqu'à ce que les Célestes, rendus sages par nos victoires, signassent la paix, le 9 juin 1885.

Quelque temps auparavant, M. Thomson, gouverneur de Cochinchine, avait jugé le moment favorable de s'emparer du Cambodge. Là comme ailleurs les indigènes de ce royaume furent apeurés, et là aussi les missionnaires payèrent de la vie leur titre de Français. M. Guyomard fut massacré à Tra-ho le 30 janvier 1885, d'autres s'enfuirent devant les rebelles.

Cependant les Annamites ne désarmaient pas. Plus que jamais, ils appelaient à leur secours la ruse et leur fourberie native. Les missionnaires reçurent avis qu'ils pouvaient rentrer dans leurs districts : le ministre régent, Nguyen-van-Tuong, veillait et répondait de l'avenir. Cet avenir, voici ce qu'il fut : le plus sanglant qu'eût encore enregistré la Mission d'Annam si féconde en martyrs. Sur les ordres des lettrés et des mandarins, les habitants des six provinces de la Cochinchine orientale se jetèrent en masse sur les Chrétiens. Ce ne furent plus des bandes isolées, mais des milliers et des milliers d'hommes, qui, soutenus par les soldats de l'armée régulière,

enveloppèrent les villages, frappant partout sans distinction de parents ou de connaissances, de femmes
ou d'enfants. Il y eut des hommes enterrés vivants,
des femmes éventrées, des enfants précipités à la
mer avec une pierre au cou après qu'on leur eût
coupé le nez, les lèvres et les mains. D'autres furent
attachés vivants à des bananiers et jetés dans les
rivières, d'autres brûlés vifs, d'autres coupés en
morceaux.

Huit missionnaires, prêtres français, périrent
ainsi dans les supplices, ainsi que 7 prêtres indigènes, 60 catéchistes, 270 religieuses, 24.000 chrétiens sur 41.000, et cela dans la seule Cochinchine
orientale.

En Cochinchine septentrionale (Hué), il y eut
18 prêtres indigènes et 8.586 chrétiens massacrés
dans la seule province de Quang-tri, et quelques
centaines dans les deux autres.

Dans le Tonkin méridional, 4.800 catholiques
furent tués, 1.200 périrent de faim et de misère.

Il faudrait ajouter la ruine complète des églises,
presbytères, séminaires, orphelinats, couvents.

Dans une proclamation de l'année 1886, le gouvernement annamite disait : « Nous prions tout le
monde de se mettre à l'œuvre et d'achever l'exter-
mination des Chrétiens, comme les Lettrés des provinces du Sud nous en ont donné l'exemple. Si ce
but est atteint, nous affirmons que les Français se-
ront condamnés à une immobilité complète comme

les crabes, à qui on a cassé toutes les pattes, se trouvent dans l'impossibilité de se traîner. »

La pacification, malgré ces lignes barbares écrites par quelques mandarins fanatiques, se faisait peu à peu, et le 20 octobre 1887, tous nos établissements de l'Indo-Chine (Tonkin, Annam, Cochinchine, Cambodge et Laos) étaient groupés sous le nom de : Union indo-chinoise. Cette Union est placée sous l'autorité d'un *gouverneur général* résidant à Saïgon.

Depuis 1887 jusqu'à cette année 1905, dix-sept ans de tranquillité se sont écoulés. La loi française, en assurant la liberté de conscience, ne permet plus de poursuivre personne pour délit d'opinions religieuses. Pourtant la fourberie des Lettrés continue de se donner libre carrière. Ils cherchent à jeter la défiance, à semer la division entre les Français et leurs alliés naturels, les Catholiques.

Malgré tout, la situation en Indo-Chine, au point point de vue religieux, ne fut jamais meilleure. Ces contrées, si bouleversées par la guerre et par une persécution sans précédents, offrent le spectacle merveilleux de conversions nombreuses et d'œuvres florissantes. Et ces conversions se font parfois par villages entiers ou par notables portions de village, et non individuellement comme autrefois. Mgr Gendreau, évêque du Tonkin occidental, écrivait en 1904 : « Que les temps sont changés et quel contraste entre la situation actuelle et celle d'avant 1873 !

En présence de ce qu'ils ont sous les yeux, les vieux missionnaires ont besoin d'un effort de mémoire pour revivre ce passé qui leur semble si éloigné.

« Alors la liberté religieuse existait en théorie, mais les catholiques, traités en parias, méprisés des païens, s'entendaient couramment jeter à la figure les injures de *ta-dao* (religion perverse), de *quan-dato* (racailles de chrétiens). Les charges publiques leur étaient fermées presque partout. Quant aux missionnaires, il leur était défendu de changer de résidence sans prévenir les mandarins. On contrôlait leurs allées et venues, absolument comme s'ils eussent été des libérés de bagne, placés sous la sur-veillance de la police.

« Que d'avanies il fallait essuyer sans résister ni se plaindre !

« A partir de l'expédition Garnier, cet état de choses se modifia à notre avantage et, plus le pres-tige s'affirme aux yeux des populations, plus la reli-gion s'impose à leur respect. Les notables et les autorités locales, au lieu de s'écarter des chrétiens, se rapprochent d'eux, recherchent leur amitié et tâchent d'obtenir, aux heures troublées, l'appui des missionnaires.

« Je me souviens qu'à notre arrivée à Keso, en septembre 1873, le sous-préfet de l'endroit se pré-senta avec une nombreuse escorte et, du ton le plus impératif, ordonna qu'on lui amenât les nouveaux missionnaires et leurs malles ! Dans l'entrevue, il avait pris place à côté de Mgr Puginier, sur la même estrade, et parlait très haut, s'imaginant faire peur. Or, moins de trois mois après, il accourait se jeter aux pieds de Monseigneur et implorait sa protection, restant à genoux devant lui sans même accepter la natte qu'on lui offrait.

« Le début des conversions par groupe coïncida avec la nomination d'un consul français à Hanoï en 1876. Le mouvement se développa rapidement. La suite est connue, mais qui oserait affirmer que les résultats eussent été aussi brillants sans la présence des Français au Tonkin ?

« Entre temps, l'aspect du pays se transformait peu à peu. Les industries nouvelles surgissaient çà et là ; les transactions, autrefois nulles, étaient facilitées par les bateaux à vapeur, et le sont encore davantage aujourd'hui par le réseau de voies ferrées qui sillonnent déjà tout le Tonkin, et relieront bientôt le port de Haiphong avec le Kouang-si et le Yun-nan, au Nord ; et, au Sud, avec la province de Vinh, dans le Tonkin méridional.

« Donc, au point de vue religieux, nous avons le devoir de reconnaître que le drapeau de la France nous a aplani la route et assuré la liberté.

« Puisse ce bien si précieux ne jamais nous être retiré ! »

Voici d'ailleurs quel était en 1904 le personnel des Missions de l'Indo-Chine française avec leurs œuvres principales. Les trois premiers Vicariats ci-dessous

désignés sont dirigés par des Dominicains espagnols,
les huit autres par des Missionnaires de la Société
des Missions-Etrangères de Paris.

Tonkin septentrional : Sur une population païenne
de 2.500.000 habitants on pouvait énumérer 30.000
catholiques, 1 évêque, 13 missionnaires européens et
26 prêtres indigènes, 46 catéchistes ; 162 églises ou
chapelles, 2 séminaires et 44 séminaristes ;
167 écoles, 2 orphelinats, un hôpital et 17 malades.
Des religieuses tertiaires de l'Ordre de Saint-Dominique au nombre de 36 et quelques sœurs de Saint-
Paul-de-Chartres sont adonnées à l'éducation des enfants, surtout à Bac-ninh.

Tonkin oriental : Ce Vicariat, le plus ancien des
Vicariats dominicains, compte 3.000.000 d'habitants
et une population chrétienne de 36.000 fidèles. Le
personnel des ouvriers apostoliques comprend un
évêque, 7 religieux dominicains, dont quatre espagnols et trois tonkinois. Les Pères missionnaires
ont pour les aider 25 prêtres séculiers tous élevés
dans les séminaires de la Mission. Ajoutons une centaine de catéchistes, 264 églises ou chapelles, 2 séminaires et 85 séminaristes, 104 écoles, 4 orphelinats de la Sainte-Enfance et 352 orphelins. Les religieuses tertiaires Dominicaines sont réparties dans
trois couvents et sont 81. Il y a 23 sœurs de Saint-
Paul-de-Chartres.

Tonkin central : Païens 4.000.000, catholiques
204.000. Un évêque, 17 missionnaires dominicains

espagnols, 74 prêtres indigènes, 679 chrétientés et autant d'écoles ; 2 séminaires, l'un à Buischu pour la théologie, et 59 séminaristes, l'autre pour les études de latin à Nink-cuong et 67 élèves ; trois orphelinats, 2 hôpitaux. Les religieuses de ce Vicariat sont 366 Vierges tertiaires de Saint-Dominique, 33 Amantes-de-la-Croix et quelques sœurs de Saint-Paul-de-Chartres.

Tonkin occidental : Sur 2.000.000 de païens on a la joie de compter 132.530 chrétiens, 1 évêque, 47 missionnaires français et 83 prêtres indigènes, 331 catéchistes ; 502 églises ou chapelles, 2 séminaires et 288 séminaristes, 600 écoles et 8.711 élèves, 5 orphelinats et 2.436 enfants, 5 hôpitaux et 20 pharmacies ou dispensaires. Il y a 15 Carmélites, 388 Amantes-de-la-Croix et des sœurs de Saint-Paul-de Chartres.

Tonkin méridional : Sur une population d'environ 2.000.000 de païens on rencontre 125.205 catholiques. Il y a 1 évêque, 37 missionnaires européens, 70 prêtres indigènes, 275 catéchistes ; 395 églises ou chapelles, un grand et un petit séminaire et 342 séminaristes, 182 écoles et 5.932 élèves, 6 orphelinats et 1.730 enfants, 12 pharmacies ou dispensaires. De plus, 148 religieuses sont occupées aux soins que réclament les enfants.

Haut-Tonkin : Ce Vicariat, créé en 1895 et détaché du Tonkin septentrional, contient 2.500.000 païens et seulement 19.200 catholiques. Un évêque,

28 missionnaires européens, 18 prêtres indigènes et
87 catéchistes l'évangélisent. Il possède 117 églises
ou chapelles, un séminaire et 64 séminaristes,
55 écoles et 1.354 élèves, 2 orphelinats et 39 enfants,
5 dispensaires. Des religieuses indigènes Amantes-de-
la-Croix, et 18 sœurs de Saint-Paul-de-Chartres
donnent leur soin aux enfants, aux malades et aux
infirmes.

Tonkin maritime : Ce Vicariat récent, formé en
1900 d'un démembrement du Tonkim occidental,
contient 2.000.000 de païens et 81.836 catholiques.
Un évêque, 33 missionnaires européens et 55 prêtres
indigènes, plus 172 catéchistes y enseignent la vraie
religion. Il possède 356 églises ou chapelles, un séminaire et 190 séminaristes, 372 écoles et
8.609 élèves, 5 orphelinats et 1.173 enfants, 18 hôpitaux et 86 religieuses Amantes-de-la-Croix ou
Sœurs de Saint-Paul-de-Chartres en particulier à
l'hôpital de Tanh-hoa.

Cochinchine orientale : Sur 3.500.000 païens
on compte 78.482 catholiques. Il y a un évêque,
58 missionnaires européens, 32 prêtres indigènes et
81 catéchistes ; 555 églises ou chapelles, un grand
et un petit séminaire avec 204 séminaristes, 42 écoles
et 1.889 élèves, 5 orphelinats et 286 enfants, 3 dispensaires, un hôpital.

Cochinchine occidentale : Sur 2.000.000 de
païens on compte 63.493 catholiques, un évêque,
57 missionnaires européens, 74 prêtres indigènes,

50 catéchistes ; 234 églises ou chapelles, un séminaire et 122 séminaristes ; 122 écoles et 7.960 élèves, 15 orphelinats et 1.109 enfants, 15 hôpitaux, 15 pharmacies ou dispensaires. Il y a 72 frères des Ecoles-Chrétiennes, et 713 religieuses (Carmélites, Filles-de-Marie (indigènes) sœurs de Saint-Paul-de-Chartres.)

Cochinchine septentrionale : Ce Vicariat, érigé en 1850, comprend 700.000 païens et 58.633 chrétiens. Il possède un évêque, 48 missionnaires européens, 40 prêtres indigènes et 15 catéchistes ; 205 églises ou chapelles, un grand et un petit séminaire avec 123 séminaristes ; 30 écoles et 707 élèves, 3 orphelinats et 478 enfants, un hôpital, 8 pharmacies ou dispensaires. Des Filles-de-Marie (indigènes) et des sœurs de Saint-Paul-de-Chartres donnent tout leur soin aux petits enfants, dans 7 maisons.

Cambodge : Vicariat érigé en 1850 et détaché de la Cochinchine occidentale. Il possède 2.800.000 païens et 33.469 catholiques, 1 évêque, 42 missionnaires européens, 26 prêtres indigènes, 75 catéchistes ; 156 églises ou chapelles, un séminaire et 99 séminaristes ; 72 écoles et 4.235 élèves, 6 orphelinats et 951 enfants ; 6 hôpitaux, 5 pharmacies ou dispensaires. Les religieuses y sont les sœurs de la Providence, des Filles-de-Marie, des Amantes-de-la Croix ; elles dirigent avec zèle et un plein succès leurs orphelinats et leurs hôpitaux.

II

Laos.

Le Laos est une vaste contrée très montagneuse qui s'étend entre l'Annam, le Siam, la Birmanie et la province chinoise de Yun-nan. Actuellement la moitié du Laos appartient à la France ou fait partie de la zone d'influence française. Le Laos occidental, dans le haut bassin du Ménam, peuplé de Shans, est soumis au roi de Siam ; l'ancien Laos birman, traversé par la Salouen, reconnaît l'autorité de l'Angleterre.

Ce ne fut qu'en 1876 que des prêtres attachés à la mission de Siam, voyant leur zèle trop souvent stérile ou entravé par les Siamois, se tournèrent vers le Nord et tentèrent l'évangélisation des peuplades désignées sous le nom de Laotiens ; ils entrèrent chez elles par le Nord et par l'Est ; l'expédition [du côté de l'Est seule réussit ; en sept ou huit ans, le P. Prodhomme, chef de la Mission, amena à lui cinq ou six mille néophytes et installa quatre centres principaux : à Lakhon, sur les rives du Mékong, à Sakhon, à Amnat, à Oubon.

Cependant, quelques mandarins de la province, s'apercevant que les conversions au Catholicisme s'augmentaient rapidement, se demandèrent si les succès de ces étrangers, prédicateurs de la nouvelle religion dans leurs contrées, avaient l'agrément du roi de Siam. S'enhardissant les uns les autres, malgré les lettres favorables qui leur avaient été présentées, ils suscitèrent aux missionnaires des embarras qui menaçaient d'enrayer bientôt leur action. Chulalongkorn, informé de ce qui se passait, envoya l'ordre à tous les goûverneurs et à leurs subordonnés de traiter les prêtres étrangers comme des amis du royaume, de leur prêter, en cas de besoin, aide et assistance, de ne faire aucune opposition à ses sujets laotiens qui désireraient embrasser la religion catholique. Ces ordres aplanirent bien des difficultés, et les progrès de l'apostolat continuèrent de s'affermir. Depuis lors, la situation politique s'est modifiée au Laos. La France s'est emparée d'une partie de ce pays, et généralement, ce changement peut être regardé comme favorable aux catholiques.

Mais si les missionnaires n'ont guère de persécution sanglante à redouter au Laos, surtout dans la partie du territoire soumise à l'autorité française, quatre causes empêcheront toute instruction régulière, porteront le prêtre au découragement et l'empêcheront longtemps de mettre une confiance absolue dans les nouveaux convertis.

La première cause est l'indifférence. Le Laotien, s'il n'est poussé par la crainte, par des vexations, par un procès; s'il n'est rebuté de tout le monde, à cause de plaies hideuses et incurables, se décide difficilement à étudier la religion ; il reste tranquille, oisif, insouciant. Il n'est point hostile, sauvage ; il est simplement enfant. Ecoutez-le parler, lorsque le missionnaire l'exhorte à embrasser notre sainte religion : « Ma femme et mes enfants ne sont pas encore tombés d'accord. » « Laissez-moi réfléchir d'abord. » « Si jamais nous nous faisons chrétiens, nous le ferons tous à la fois. » Telles sont les fins de non recevoir polies que l'apathique Laotien oppose aux plus pressantes exhortations du missionnaire.

La seconde cause est la paresse et la corruption des mœurs. Généralement, les Laotiens ne donnent de l'ouvrage à leurs enfants que lorsqu'ils ont atteint l'âge de puberté, laissant ainsi fainéanter la jeunesse des deux sexes jusqu'à l'âge de quinze ans et plus. En outre, tout bon Laotien voyage beaucoup, et, à chaque étape, il prend femme, sans s'occuper de ses unions précédentes qui ont duré six mois, un an au plus. De retour au pays, il se marie de nouveau, soi-disant sérieusement. Il croit, en effet, que la dernière femme qu'il épouse est sa femme légitime, et, lorsqu'il lui faut rebrousser chemin pour rejoindre la première, il trouve que c'est trop dur. D'autre part, le divorce est chose si commode, tandis que l'indissolubilité du mariage chrétien est si gênante !

La troisième cause est le culte des *phi,* ou génies

malfaisants. C'est comme l'épée à deux tranchants dont le diable se sert pour empêcher les païens d'embrasser le christianisme et pour faire apostasier un certain nombre de néophytes. Par exemple, un païen, qui a des parents chrétiens, tombe-t-il malade ; le *mo-phi*, ou sorcier-médecin, appelé pour lui donner ses soius, ne manque pas de déclarer de prime abord que la maladie vient de ce que, parmi les parents du malade, il y a des chrétiens ; que pour obtenir la guérison, ces parents chrétiens doivent apostasier et faire amende honorable au *phi*. Aussitôt tout est mis en œuvre, promesses et menaces, exhortations et violences, pour amener les soi-disant coupables à résipiscence. Dans les cas urgents, quand les néophytes demeurent trop loin, un des parents païens doit faire le vœu de les décider, un peu plus tard, à apostasier. Quelle tentation pour de pauvres catéchumènes, chez qui la voix du sang crie souvent encore plus fort que la voix de la foi !

Une quatrième cause, capable bien souvent d'empêcher la conversion des païens, c'est la famine. Que le riz vienne à manquer, et tous, hommes, femmes et enfants profitent de la saison sèche pour chercher dans la forêt les ignames et tubercules sauvages qui feront leur nourriture. Dès lors, toute instruction régulière est impossible, le petit troupeau de fidèles émigre et se disperse. Que deviendra-t-il ? Où s'arrêtera-t-il ? « L'année n'a pas été brillante, ni heureuse, écrivait M. Prodhomme en 1903. Pour attirer les païens, il aurait fallu les nourrir ; or, nous ne le pouvions pas, puisque nous avions beaucoup de peine à empêcher nos Chrétiens de mourir de faim. La famine s'est déclarée tout à coup, sans que personne pût la prévoir. Les rizières étaient magnifiques, quand soudain, au mois d'août (1902), la pluie cessa de tomber. La moisson, presque nulle en certains endroits, fit complètement défaut en beaucoup d'autres : c'était la famine dans tout le pays.

« Si nous avions eu des ressources considérables, nous aurions empêché nos Chrétiens de fuir en masse vers des régions plus fortunées. C'est ainsi que le nombre de nos néophytes a diminué au lieu d'augmenter. Je dois dire cependant que cette diminution est plutôt apparente que réelle, car les malheureux qui ont quitté, n'ont pas apostasié, et j'espère qu'un grand nombre reviendront au bercail. Quelques-uns même ont dû semer le bon grain sur le chemin de leur exode, et ils nous amèneront bientôt les recrues qu'ils auront gagnées à Jésus-Christ. Ceux qui ne doivent pas revenir nous aideront à fonder de nouveaux postes dans le pays où ils se sont fixés. Leur maison sera pour nous un pied-à-terre, et nous y serons toujours bien accueillis. »

Malgré ces obstacles et ces difficultés, l'Eglise du Laos est fondée, fille de celle de Siam. En 1898, en effet, le souverain pontife Léon XIII érigeait en

Vicariat apostolique toute la vallée du Mé-Kong depuis les frontières du Cambodge jusqu'à celles de la Chine, c'est-à-dire tout le Laos proprement dit. En 1904, au milieu d'une population païenne d'environ 5.000.000 d'hommes, la jeune Eglise pouvait énumérer déjà 9.213 catholiques. Elle avait 1 évêque, 26 missionnaires européens et 4 prêtres indigènes venus de Siam ; 54 églises et 33 catéchistes ; 1 séminaire et 8 séminaristes, 22 crèches ou orphelinats et 304 enfants, 15 religieuses indigènes, 35 écoles et 797 élèves.

Etat de l'Eglise catholique en Indo-Chine (1904).

	Vicariats	Païens	Catholiques	Prêtres	Eglises ou chapelles	Ecoles
Missions Etrangères de Paris	Birmanie septentrionale . . .	3 500 000	7 248	27	47	25
	Birmanie méridionale . . .	4 000 000	44 080	60	231	78
	Malacca . . .	1 500 000	22 419	40	48	43
	Siam	4 500 000	22 300	54	50	46
	Cochinchine septentrionale. .	700 000	58 633	89	205	30
	Cochinchine orientale . .	3 500 000	78 482	91	555	42
	Cochinchine occidentale . . .	2 000 000	63 493	132	234	122
	Cambodge. . .	2 800 000	33 469	69	156	72
	Laos.	5 000 000	9 213	31	54	35
	Tonkin occidental.	2 000 000	132 530	131	502	600
	Tonkin méridional.	2 000 000	125 205	108	395	182
	Haut Tonkin . .	2 500 000	19 200	47	117	55
	Tonkin maritime	2 000 000	81 836	89	356	372
	Total . . .	36 000 000	698 108	968	2 950	1 702
Dominicains	Tonkin septentrional . . .	2 500 000	30 000	40	162	167
	Tonkin oriental.	3 000 000	36 000	32	264	104
	Tonkin central .	4 000 000	204 000	92	680	679
	Total . . .	9 500 000	270 000	164	1 106	950
Missions Etrangères de Milan	Birmanie orientale	4 900 000	14 500	40	126	66
	Totaux généraux. .	47 400 000	982 608	1 172	4 182	2 718

BIBLIOGRAPHIE

J.-B. Piolet. — *Les Missions catholiques françaises au XIX°
siècle*, 6 vol in-8° Paris, Colin.

L.-E. Louvet. — *Les Missions catholiques au XIX° siècle*, Paris,
Desclée.

— Comptes rendus des travaux de la Société des Missions-
Etrangères, 1904, rue du Bac, 128.

Annales de la propagation de la foi, Paris, rue Cassette, 20.

TABLE DES MATIÈRES

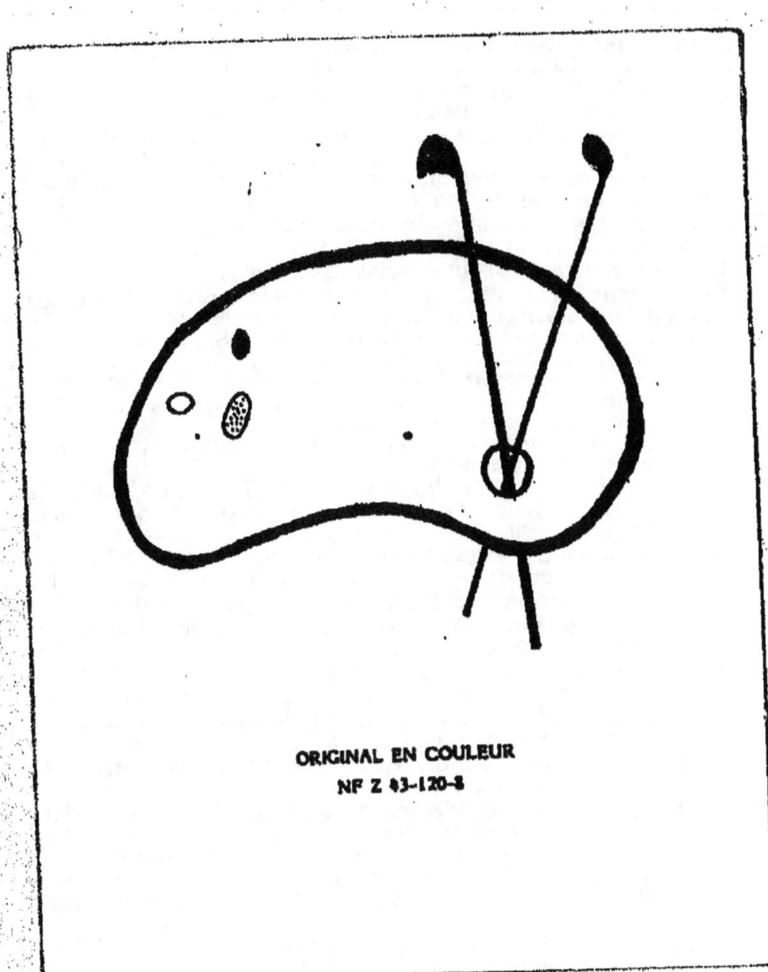

ORIGINAL EN COULEUR
NF Z 43-120-8